Spezialtest Psychotherapie

Für kleine und große
Heilpraktiker

I. M. Simon

Wichtige Hinweise

Dieses Buch ist eine Lernhilfe zur Vorbereitung auf die amtsärztliche Überprüfung der Heilpraktiker für Psychotherapie und der Heilpraktiker (Psychiatrieteil). Die Arbeit mit dem Buch ersetzt nicht die gründliche inhaltliche Vorbereitung. Es kann nicht völlig ausgeschlossen werden, dass Einzelaussagen missverstanden werden und zu Irrtümern führen. Wir empfehlen daher bei Unsicherheiten, in der Fachliteratur nachzuschlagen.

Ausbildungsangebote

Ingo Michael Simon bietet regelmäßig Ausbildungskurse zur Vorbereitung auf die amtsärztliche Überprüfung und zu verschiedenen Therapieformen und Themen an. Aktuelle Informationen und Termine finden Sie auf *www.praxissimon.de*.

Impressum

Zweite Auflage
© 2010 - Ingo Michael Simon
Alle Rechte liegen beim Autor.
Idee und Konzept: Praxisteam Simon
Umschlagfoto: W. Bulgar
Kontakt: www.praxissimon.de
Herstellung und Verlag:
Books on Demand GmbH, Norderstedt
ISBN: 978-3-8370-5838-3

So arbeiten Sie mit diesem Buch

Die klassischen „Weil-Fragen" sind bereits seit einigen Jahren aus der schriftlichen Prüfung der Heilpraktiker für Psychotherapie verschwunden. In älteren Büchern zur Prüfungsvorbereitung und in Sammlungen von Prüfungsfragen finden wir sie hin und wieder. In der Prüfungsvorbereitung erweisen sie sich jedenfalls immer als interessante und hilfreiche Abwechslung zu den ewigen Multiple-Choice-Fragen, die rauf und runter geübt werden. In unseren Prüfungsvorbereitungskursen stellen wir regelmäßig fest, dass das Einüben von Multiple-Choice-Prüfungen einerseits notwendig ist, um sich an die Formulierungen und Fallstricke zu gewöhnen, sowie zum Einüben von Lösungstechniken bei fachlichen Unsicherheiten. Andererseits ist es so, dass Auswahlantworten, die sicher gelöst werden, wenn es mehrere Alternativen gibt, oft viel schwieriger erscheinen, wenn nur eine Antwort vorgegeben ist. In dem Buch „Crashtest Psychotherapie" (ISBN 978-3-8370-0709-1) haben wir daher über 300 Einzelaussagen zusammengestellt, die von den Lesern/innen ohne Fragen und ohne Antwortalternativen auf ihre Richtigkeit überprüft werden sollen. Diese Übung empfinden unsere Lehrgangsteilnehmer/innen meist als relativ schwierig aber auch als sehr hilfreich.

Mit dem vorliegenden Buch erweitern wir nun diese Übungsvariante in Anknüpfung an frühere Prüfungsfragen, die als „Weil-Fragen" bekannt und bei den Prüfungsteilnehmern/innen gefürchtet waren. Hierzu haben wir 280 Einzelaussagen zusammengetragen und jeweils zwei davon als Kausalverknüpfung miteinander verbunden. Für jede solche verbundene Behauptung ist zu entscheiden, ob die Einzelaussagen jeweils stimmen, und zusätzlich, ob die kausale Verbindung richtig ist, also ob die zweite Aussage, sofern sie stimmt, tatsächlich eine Begründung für die erste ist.

Behauptung:
Schizophrenie kann nicht mit somatischen Verfahren behandelt werden, ... *weil* ... keine fassbaren organischen Ursachen vorliegen, sondern weitgehend anlagebedingte.

Aussage 1 ist ..F.., Aussage 2 ist ..R.., Verknüpfung ist ..F.. !

Der erste Teil der Behauptung ist falsch. Schizophrenie wird sehr erfolgreich mit Neuroleptika behandelt. Die somatische Therapie ist sogar unverzichtbar. Der zweite Teil ist für sich genommen richtig. Schizophrenie gehört zu den früher als endogen bezeichneten Psychosen, die vor allem anlagebedingt sind. Die kausale Verknüpfung ist allerdings falsch. Wenn der erste Teil bereits nicht stimmt, kann es auch keine Begründung dafür geben. Die kausale Verknüpfung ist daher falsch. Sind beide Einzelaussagen für sich genommen richtig, bedeutet das jedoch nicht automatisch, dass die zweite auch eine richtige Begründung für die erste ist. In diesem Fall müssen Sie trotzdem prüfen, ob das „Weil" auch berechtigt ist.

Behauptung:
Hypomanische Phasen werden nicht mit Benzodiazepinen behandelt, ... *weil* ... Benzodiazepine ein hohes Abhängigkeitspotenzial besitzen.

Aussage 1 ist ..R.., Aussage 2 ist ..R.., Verknüpfung ist ..F.. !

In diesem Beispiel stimmen die Einzelaussagen. Hypomanien zeichnen sich durch subjektiv gesteigerte Kreativität und übertrieben gute Laune aus. Benzodiazepine sind Angst lösende Medikamente, die hier nicht erforderlich sind. Angstreduktion würde einem Hypomaniker nichts bringen. Es stimmt auch, dass Benzodiazepine in hohem Maße abhängig machen. Daher werden sie selbst bei anhaltenden schweren Angstsyndromen nicht dauerhaft verabreicht. Zu groß wäre die Gefahr einer Sucht, die dann zusätzlich behandelt werden müsste. Das ist aber nicht der Grund, Benzodiazepine nicht kurzzeitig bei Hypomanien einzusetzen. Der Grund liegt hier in der fehlenden Angstsymptomatik!

Zur schnelleren Bearbeitung haben wir folgenden Lückentext nach jeder Behauptung abgedruckt. Füllen Sie die Lücken einfach mit einem *R* für „Richtig" oder mit einem *F* für „Falsch".

Aussage 1 ist ....., Aussage 2 ist ....., Verknüpfung ist ..... !

Aussage 1 ist ..R.., Aussage 2 ist ..F.., Verknüpfung ist ..F.. !

Die Aufgaben sind thematisch sortiert. Im anschließenden Lösungsteil finden Sie ausführliche Erläuterungen zu den einzelnen Aussagen sowie zur kausalen Verknüpfung.

Inhalt

Psychopathologie und Klassifikation

Behauptung 1:
Gedankenentzug und Gedankeneingebung bezeichnet
man als Ich-Störungen, ... *weil* ... bei beiden die Meinhaftigkeit schwer gestört bzw. aufgehoben ist.

Aussage 1 ist ....., Aussage 2 ist ....., Verknüpfung ist ..... !

Behauptung 2:
Störungen der Affektivität werden auch psychomotorische Störungen genannt, ... *weil* ... die verlangsamte Motorik ein Hinweis auf eine Stimmungsstörung sein kann.

Aussage 1 ist ....., Aussage 2 ist ....., Verknüpfung ist ..... !

Behauptung 3:
Wahn wird zu den inhaltlichen Denkstörungen gezählt,
... *weil* ... es darum geht, was der Betroffene denkt.

Aussage 1 ist ....., Aussage 2 ist ....., Verknüpfung ist ..... !

Behauptung 4:
Depersonalisation und Derealisation werden als Entfremdungserlebnisse bezeichnet, ... *weil* ... im Gegensatz zu Ich-Störungen die Meinhaftigkeit erhalten sein kann.

Aussage 1 ist ....., Aussage 2 ist ....., Verknüpfung ist ..... !

Behauptung 5:
Zeitgitterstörungen bei sind Wahrnehmungsstörungen,
... *weil* ... das Zeiterleben so beeinträchtigt sein kann,
dass Vergangenes als Gegenwart erlebt wird.

Aussage 1 ist ....., Aussage 2 ist ....., Verknüpfung ist ..... !

Behauptung 6:
Zeitliche beinhalten immer weitere Orientierungsstörungen, ... *weil* ... die zeitliche Orientierung in der Regel länger erhalten bleibt als die übrigen Bereiche.

Aussage 1 ist ....., Aussage 2 ist ....., Verknüpfung ist ..... !

Behauptung 7:
Ideenflucht ist eine inhaltliche Denkstörung, ... *weil* ... die Denkinhalte bei der Ideenflucht ständig wechseln.

Aussage 1 ist ....., Aussage 2 ist ....., Verknüpfung ist ..... !

Behauptung 8:
Die ICD-10 ist aus heutiger Sicht sinnvoller gegliedert als das triadische System, ... *weil* ... die ICD-10 eine ursächliche Zuordnung der Störungsbilder beinhaltet.

Aussage 1 ist ....., Aussage 2 ist ....., Verknüpfung ist ..... !

Organisch bedingte psychische Störungen

Behauptung 9:
Psychotherapie ist bei Alzheimer-Demenz zwecklos, ... *weil* ... der progrediente Verlauf nicht zu stoppen ist.

Aussage 1 ist ....., Aussage 2 ist ....., Verknüpfung ist ..... !

Behauptung 10:
Demenzen werden trotz vorhandener Frühsymptome oft erst spät erkannt, ... *weil* ... Betroffene nur wenig über die Einschränkungen klagen.

Aussage 1 ist ....., Aussage 2 ist ....., Verknüpfung ist ..... !

Behauptung 11:
Demenzen gelten nicht als psychotische Störungen, ...
weil ... im Verlauf einer Demenz keine produktive Symptomatik zu erwarten ist.

Aussage 1 ist ....., Aussage 2 ist ....., Verknüpfung ist ..... !

Behauptung 12:
Eine Demenz kann sich grundsätzlich in jedem Lebensalter entwickeln, ... *weil* ... eine schwere Unfallverletzung oder Krankheit als Auslöser in jedem Lebensalter vorkommen kann.

Aussage 1 ist ....., Aussage 2 ist ....., Verknüpfung ist ..... !

Behauptung 13:
Demenzen können bereits in der Kindheit entstehen, ...
weil ... durch Sauerstoffmangel während der Geburt erhebliche Hirnschädigungen möglich sind.

Aussage 1 ist ....., Aussage 2 ist ....., Verknüpfung ist ..... !

Behauptung 14:
Bei manchen Demenzen ändert sich „nur" die Persönlichkeit, ... *weil* ... bestimmte Demenztypen ohne kognitive Leistungseinbußen einhergehen.

Aussage 1 ist ....., Aussage 2 ist ....., Verknüpfung ist ..... !

Behauptung 15:
Eine chronische Schizophrenie kann in schweren Fällen eine Demenz verursachen, ... *weil* ... das andauernde Dopamin-Ungleichgewicht zu einer irreversiblen Hirnschädigung führen kann.

Aussage 1 ist ....., Aussage 2 ist ....., Verknüpfung ist ..... !

Behauptung 16:
Soziale Funktionen können bei Alzheimer relativ lange erhalten werden, ... *weil* ... Gedächtnistraining mit nachweisbarem Erfolg eingesetzt werden kann.

Aussage 1 ist ....., Aussage 2 ist ....., Verknüpfung ist ..... !

Behauptung 17:
Durchgangssyndrome können rückwirkend an der Amnesie diagnostiziert werden, ... *weil* ... delirante Syndrome immer mit zumindest partieller Amnesie verbunden sind.

Aussage 1 ist ....., Aussage 2 ist ....., Verknüpfung ist ..... !

Behauptung 18:
Korsakow-Patienten können vorgelesene Zahlenreihen nicht nachsprechen, ... *weil* ... ihre Intelligenzeinschränkungen dafür zu intensiv sind.

Aussage 1 ist ....., Aussage 2 ist ....., Verknüpfung ist ..... !

Behauptung 19:
Dämmerzustände werden häufig nicht von Beobachtern erkannt, ... *weil* ... bei diesen Zuständen keine Bewusstseinseintrübung vorliegt.

Aussage 1 ist ....., Aussage 2 ist ....., Verknüpfung ist ..... !

Behauptung 20:
Schwankende kognitive Leistungen in Tests deuten eher auf Pseudodemenz, ... *weil* ... die kognitiven Leistungen sich bei Demenz nur langsam verändern und wenig schwanken.

Aussage 1 ist ....., Aussage 2 ist ....., Verknüpfung ist ..... !

Behauptung 21:
Commotio cerebri erfordert nur selten psychotherapeutische Begleitung, ... *weil* ... in den meisten Fällen keine dauerhaften Restsymptome verbleiben.

Aussage 1 ist ......, Aussage 2 ist ......, Verknüpfung ist ..... !

Behauptung 22:
Psychische Auffälligkeiten bei AIDS sind immer ein Hinweis auf beginnende Demenz, ... *weil* ... sich im Zuge einer AIDS-Erkrankung immer eine Demenz im späteren Verlauf entwickelt.

Aussage 1 ist ......, Aussage 2 ist ......, Verknüpfung ist ..... !

Behauptung 23:
Das Klagen über Gedächtnisverlust seitens des Patienten deutet auf Pseudodemenz, ... *weil* ... demente Patienten die Gedächtnisstörungen meist überspielen und im Gespräch ausweichen.

Aussage 1 ist ......, Aussage 2 ist ......, Verknüpfung ist ..... !

Behauptung 24:
Bei organischen Halluzinosen ist die Therapiebereitschaft höher als beim Delir, ... *weil* ... das Bewusstsein bei Halluzinosen klar ist und der Patient die Halluzinationen oft erkennt.

Aussage 1 ist ......, Aussage 2 ist ......, Verknüpfung ist ..... !

Abhängigkeitserkrankungen

Behauptung 25:
Dauermissbrauch illegaler Drogen kann bei allen Substanzen zu Psychosen führen, ... *weil* ... alle illegalen Drogen mit der Zeit körperlich abhängig machen.

Aussage 1 ist ....., Aussage 2 ist ....., Verknüpfung ist ..... !

Behauptung 26:
Bei Drogenabhängigen sollte immer die Suizidalität exploriert werden, ... *weil* ... das Ausmaß Hinweise auf den Schweregrad der Abhängigkeit gibt.

Aussage 1 ist ....., Aussage 2 ist ....., Verknüpfung ist ..... !

Behauptung 27:
Akute Drogenwirkung kann leicht mit einer schizophrenen Phase verwechselt werden, ... *weil* ... manche Drogen schizophrenieähnliche Symptome erzeugen können.

Aussage 1 ist ....., Aussage 2 ist ....., Verknüpfung ist ..... !

Behauptung 28:
Männliche Alkoholiker entwickeln häufig Eifersuchtswahn, ... *weil* ... sexuelle Funktionsstörungen und psychische Wirkungen des Alkohols zusammenwirken.

Aussage 1 ist ....., Aussage 2 ist ....., Verknüpfung ist ..... !

Behauptung 29:
Völlige Abstinenz ist oberstes Ziel jeder Suchttherapie, ... *weil* ... nur mit Abstinenz eine Entwöhnung möglich ist.

Aussage 1 ist ....., Aussage 2 ist ....., Verknüpfung ist ..... !

Behauptung 30:
Suchtkranke können immer zwangsweise in eine Klinik eingewiesen werden, ... *weil* ... Sucht auch als protrahierter Suizid angesehen werden kann.

Aussage 1 ist ....., Aussage 2 ist ....., Verknüpfung ist ..... !

Behauptung 31:
Polytoxikomanie ist leichter zu behandeln als Alkoholismus, ... *weil* ... die Abhängigkeit von den einzelnen Substanzen jeweils geringer ist.

Aussage 1 ist ....., Aussage 2 ist ....., Verknüpfung ist ..... !

Behauptung 32:
Cannabisentzug zeigt keine körperlichen Symptome, ... *weil* ... Cannabis nicht körperlicher abhängig macht.

Aussage 1 ist ....., Aussage 2 ist ....., Verknüpfung ist ..... !

Schizophrenie, Wahn

Behauptung 33:
Anhaltender Wahn ist immer ein Kennzeichen für Schizophrenie, ... *weil* ... die Wahnsymptomatik bei anderen Ursachen eher flüchtig ist.

Aussage 1 ist ....., Aussage 2 ist ....., Verknüpfung ist ..... !

Behauptung 34:
Schizophrene brechen die Rückfallvorbeugung häufig ab, ... *weil* ... sie Bewegungsstörungen als Folge befürchten.

Aussage 1 ist ....., Aussage 2 ist ....., Verknüpfung ist ..... !

Behauptung 35:
Bei Bewegungsunruhe müssen schizophrene Psychotherapiepatienten zum Arzt, ... *weil* ... die Bewegungsunruhe auch ein Signal einer aufkommenden psychotischen Phase sein kann.

Aussage 1 ist ....., Aussage 2 ist ....., Verknüpfung ist ..... !

Behauptung 36:
Eine allmählich sich entwickelnde Schizophrenie hat eine günstige Prognose, ... *weil* ... in Ihrem Verlauf nicht mit ausgeprägten produktiven Symptomen zu rechnen ist.

Aussage 1 ist ....., Aussage 2 ist ....., Verknüpfung ist ..... !

Behauptung 37:
Gelegentliche Halluzinationen sprechen gegen die Diagnose des induzierten Wahns, ... *weil* ... Wahn das einzige deutliche produktive Symptom bei wahnhaften Störungen ist.

Aussage 1 ist ....., Aussage 2 ist ....., Verknüpfung ist ..... !

Behauptung 38:
Schizophrene neigen gehäuft zu gewaltvollen Straftaten, ... *weil* ... sie das Gefühl haben, ihren vermeintlichen Verfolgern nicht entgehen zu können.

Aussage 1 ist ....., Aussage 2 ist ....., Verknüpfung ist ..... !

Behauptung 39:
Schizophrene suchen im Verfolgungswahn nur selten Schutz bei der Polizei, ... *weil* ... sie auch dort das Gefühl haben, man trachte nach ihrem Leben.

Aussage 1 ist ....., Aussage 2 ist ....., Verknüpfung ist ..... !

Behauptung 40:
Nach vielen Jahren des chronischen Verlaufs gibt es keine Aussicht auf Besserung, ... *weil* ... ein Drittel aller Schizophrenien von vorneherein chronisch verläuft.

Aussage 1 ist ....., Aussage 2 ist ....., Verknüpfung ist ..... !

Behauptung 41:
Tiefenentspannungsverfahren sind zur Behandlung von Schizophrenie gut geeignet, ... *weil* ... die produktive Symptomatik in der Entspannungsphase „ruht".

Aussage 1 ist ....., Aussage 2 ist ....., Verknüpfung ist ..... !

Behauptung 42:
In die Psychotherapie Schizophrener sollten Angehörige einbezogen werden, ... *weil* ... Störungen im sozialen System des Patienten Rückfälle auslösen können.

Aussage 1 ist ....., Aussage 2 ist ....., Verknüpfung ist ..... !

Behauptung 43:
Angehörige von Schizophrenen sollten sich um große emotionale Nähe bemühen, ... *weil* ... große emotionale Nähe einem Rückfall vorbeugen kann.

Aussage 1 ist ....., Aussage 2 ist ....., Verknüpfung ist ..... !

Behauptung 44:
Psychotherapie fördert die Compliance während der Rückfallvorbeugung, ... *weil* ... die Medikamentendosis bei gut greifender Psychotherapie oft verringert werden kann.

Aussage 1 ist ....., Aussage 2 ist ....., Verknüpfung ist ..... !

Behauptung 45:
Die Angst-Glücks-Psychose hat Ähnlichkeit zur Schizophrenie, ... *weil* ... der Phasenverlauf der Symptomentwicklung vergleichbar ist.

Aussage 1 ist ....., Aussage 2 ist ....., Verknüpfung ist ..... !

Behauptung 46:
In der Jugend wird die Diagnose Schizophrenie zurückhaltend gestellt, ... *weil* ... bei Jugendschizophrenie häufig Wahn und Halluzinationen fehlen.

Aussage 1 ist ....., Aussage 2 ist ....., Verknüpfung ist ..... !

Behauptung 47:
Schizophrene lassen sich meist freiwillig behandeln, ... *weil* ... der Leidensdruck sehr groß ist.

Aussage 1 ist ....., Aussage 2 ist ....., Verknüpfung ist ..... !

Behauptung 48:
Sind bizarre Ideen eines Patienten korrigierbar, liegt kein Wahn vor, ... *weil* ... subjektive Überzeugung und Unfähigkeit einer Korrektur notwendige Wahnkriterien sind.

Aussage 1 ist ....., Aussage 2 ist ....., Verknüpfung ist ..... !

Affektive Störungen

Behauptung 49:
Bei Behandlung mit manchen Antidepressiva steigt die Suizidalität zunächst, ... *weil* ... die antriebssteigernde Wirkung vor der stimmungsaufhellenden einsetzt.

Aussage 1 ist ....., Aussage 2 ist ....., Verknüpfung ist ..... !

Behauptung 50:
Depressive Patienten sollten nur vorsichtig auf Suizidalität angesprochen werden, ... *weil* ... etwa 20 Prozent aller Depressiven Suizid begehen.

Aussage 1 ist ....., Aussage 2 ist ....., Verknüpfung ist ..... !

Behauptung 51:
Bei wiederholten unipolaren Manien wird „bipolare Störung" diagnostiziert, ... *weil* ... die Langzeitfolgen sich kaum davon unterscheiden.

Aussage 1 ist ....., Aussage 2 ist ....., Verknüpfung ist ..... !

Behauptung 52:
Eine akute Manie ist diagnostisch leicht von einer Schizophrenie zu unterscheiden, ... *weil* ... bei Manien keine produktiven Symptome vorkommen.

Aussage 1 ist ....., Aussage 2 ist ....., Verknüpfung ist ..... !

Behauptung 53:
Schwer depressive Patienten können zwangsweise eingewiesen werden, ... *weil* ... im depressiven Wahn auch Fremdgefährdung vorliegen kann.

Aussage 1 ist ....., Aussage 2 ist ....., Verknüpfung ist ..... !

Behauptung 54:
Depressionen werden teilweise erst sehr spät diagnostiziert, ... *weil* ... bei der somatogenen Verlaufsform die körperlichen Beschwerden ganz im Vordergrund stehen.

Aussage 1 ist ....., Aussage 2 ist ....., Verknüpfung ist ..... !

Behauptung 55:
Eine leichte Hypomanie sollte auf jeden Fall beobachtet werden, ... *weil* ... sich aus Hypomanien nahezu immer deutliche manische Phasen entwickeln.

Aussage 1 ist ....., Aussage 2 ist ....., Verknüpfung ist ..... !

Behauptung 56:
Anhalten depressive Verstimmung ist noch kein ausreichender Hinweis auf Depression, ... *weil* ... depressive Symptome als Begleiterscheinung vieler Störungsbilder vorkommen.

Aussage 1 ist ....., Aussage 2 ist ....., Verknüpfung ist ..... !

Behauptung 57:
Vor der Gabe von Antidepressiva muss eine major Depression zweifelsfrei vorliegen, ... *weil* ... Antidepressiva bei organischen Ursachen nicht gegen die Verstimmung wirken.

Aussage 1 ist ....., Aussage 2 ist ....., Verknüpfung ist ..... !

Behauptung 58:
Maniker sind in der Regel für die Dauer der Phase geschäftsunfähig, ... *weil* ... sie im Größenwahn zum Eingehen unerfüllbarer Verträge neigen.

Aussage 1 ist ....., Aussage 2 ist ....., Verknüpfung ist ..... !

Behauptung 59:
Ein Stupor kann ein Symptom einer psychotischen Manie sein, ... *weil* ... die Denkbeschleunigung so stark sein kann, dass ein Handeln unmöglich wird.

Aussage 1 ist ....., Aussage 2 ist ....., Verknüpfung ist ..... !

Behauptung 60:
Schizoaffektive Störungen gelten als Mischzustände, ...
weil ... während der schizophrenen Phase gehäuft depressive Züge auftreten.

Aussage 1 ist ....., Aussage 2 ist ....., Verknüpfung ist ..... !

Behauptung 61:
Depressive müssen auch nach ihrer Suchttendenz exploriert werden, ... *weil* ... die Mehrzahl aller Depressionen bei Alkoholikern vorkommt.

Aussage 1 ist ....., Aussage 2 ist ....., Verknüpfung ist ..... !

Behauptung 62:
Depressionen gehen immer mit einer typischen Antriebsminderung einher, ... *weil* ... die niedergedrückte Stimmung die Psychomotorik auf jeden Fall dämpft.

Aussage 1 ist ....., Aussage 2 ist ....., Verknüpfung ist ..... !

Behauptung 63:
Manische Züge nach einer Depression leiten die nächste bipolare Phase ein, ... *weil* ... bei bipolaren Störungen die affektiven Ausrichtungen der Phasen wechseln.

Aussage 1 ist ....., Aussage 2 ist ....., Verknüpfung ist ..... !

Behauptung 64:
Lithium kann zur Rückfallvorbeugung lebenslang genommen werden, ... *weil* ... bei richtiger Dosierung nur geringe Nebenwirkungen auftreten.

Aussage 1 ist ....., Aussage 2 ist ....., Verknüpfung ist ..... !

Neurotische Störungen

Behauptung 65:
Angststörungen können in bestimmten Fällen schwer zu diagnostizieren sein, ... *weil* ... es auch sein kann, dass sich die Angst nur in körperlichen Symptomen zeigt.

Aussage 1 ist ....., Aussage 2 ist ....., Verknüpfung ist .....!

Behauptung 66:
Bei Panikstörungen kann eine Langzeitbehandlung mit Benzodiazepinen erfolgen, ... *weil* ... Benzodiazepinpräparate sehr wirkungsvolle Angstlöser sind.

Aussage 1 ist ....., Aussage 2 ist ....., Verknüpfung ist .....!

Behauptung 67:
Flooding (Reizüberflutung) ist nicht bei allen Klienten geeignet, ... *weil* ... bei maximaler Reizdarbietung manchmal paradoxe Effekte auftreten.

Aussage 1 ist ....., Aussage 2 ist ....., Verknüpfung ist .....!

Behauptung 68:
Zwänge wirken bis zu einem gewissen Grad Suizid hemmend, ... *weil* ... Zwänge eine Form der Angstabwehr sind und damit Angst reduzieren.

Aussage 1 ist ....., Aussage 2 ist ....., Verknüpfung ist .....!

Behauptung 69:
Zwangskranke haben ein relativ hohes Maß an Krankheitseinsicht, ... *weil* ... sie die „Unsinnigkeit" der Zwänge erkennen und somit die Meinhaftigkeit erhalten ist.

Aussage 1 ist ....., Aussage 2 ist ....., Verknüpfung ist .....!

Behauptung 70:
Bei Anpassungsstörungen kommt es bei älteren Patienten
auch zu Wahnsymptomen, ... weil ... die altersbedingten
Einschränkungen zu Beeinträchtigungserleben führen.

Aussage 1 ist ....., Aussage 2 ist ....., Verknüpfung ist ..... !

Behauptung 71:
Die Ursache für eine Anpassungsstörung lässt sich meist
leicht finden, ... *weil* ... sie immer ein katastrophales
Ausmaß hat, das jeden zumindest in eine Krise stürzen
würde.

Aussage 1 ist ....., Aussage 2 ist ....., Verknüpfung ist ..... !

Behauptung 72:
Patienten mit somatoformen Störungen lehnen Psychotherapie lange ab, ... *weil* ... der sekundäre Krankheitsgewinn durch die Wirkung der Therapie gefährdet wäre.

Aussage 1 ist ....., Aussage 2 ist ....., Verknüpfung ist ..... !

Störungen mit körperlichen Auffälligkeiten

Behauptung 73:
Bulimie und Anorexie schließen sich gegenseitig aus, ...
weil ... Anorexie vor allem durch strikte Diät und Bulimie durch Essattacken gekennzeichnet ist.

Aussage 1 ist ....., Aussage 2 ist ....., Verknüpfung ist ..... !

Behauptung 74:
Anorexie kann zu wiederholten Zwangseinsweisungen führen, ... *weil* ... ein lebensbedrohliches Ausmaß in den Bereich des Suizides eingeordnet werden kann.

Aussage 1 ist ....., Aussage 2 ist ....., Verknüpfung ist ..... !

Behauptung 75:
Bulimikern fehlt auch bei chronischem Verlauf jede Krankheitseinsicht, ... *weil* ... sie meist normales Körpergewicht haben, bis hin zu leichtem Übergewicht.

Aussage 1 ist ....., Aussage 2 ist ....., Verknüpfung ist ..... !

Behauptung 76:
Anorektiker sind äußerlich in der Regel gut zu erkennen, ... *weil* ... sie typischerweise durch die Verweigerung der Nahrungsaufnahme stark abmagern.

Aussage 1 ist ....., Aussage 2 ist ....., Verknüpfung ist ..... !

Behauptung 77:
Schlafwandler sollten auf keinen Fall während des Umhergehens gestört werden, ... *weil* ... beim plötzlichen Aufwachen anhaltende Orientierungsstörungen auftreten.

Aussage 1 ist ....., Aussage 2 ist ....., Verknüpfung ist ..... !

Behauptung 78:
Schlafstörungen müssen immer von einem Arzt abgeklärt werden, ... *weil* ... viele organische Ursachen sowie psychische Störungen als Auslöser infrage kommen.

Aussage 1 ist ....., Aussage 2 ist ....., Verknüpfung ist ..... !

Behauptung 79:
Eine Schlafenszeit von weniger als 7,5 Stunden pro Nacht deutet auf Schlafstörungen, ... *weil* ... Erwachsene eine durchschnittliche Schlafenszeit von 8 Stunden aufweisen.

Aussage 1 ist ......, Aussage 2 ist ......, Verknüpfung ist ..... !

Behauptung 80:
Sexuelle Funktionsstörungen sind nicht unbedingt krankhaft, ... *weil* ... sie in vielen Fällen Folge unzureichender Aufklärung oder Erziehung sein können.

Aussage 1 ist ......, Aussage 2 ist ......, Verknüpfung ist ..... !

Persönlichkeits- und Verhaltensstörungen

Behauptung 81:
Persönlichkeitsstörungen sind meist gut therapierbar, ... *weil* ... Betroffene eine hohe Krankheitseinsicht haben.

Aussage 1 ist ......, Aussage 2 ist ......, Verknüpfung ist ..... !

Behauptung 82:
Ängstliche Persönlichkeitsstörungen entstehen in jedem Alter, ... *weil* ... Extrembelastungen als Auslöser infrage kommen.

Aussage 1 ist ......, Aussage 2 ist ......, Verknüpfung ist ..... !

Behauptung 83:
Grundlegende soziale Funktionen bleiben bei Persönlichkeitsstörungen erhalten, ... *weil* ... Persönlichkeitsstörungen meist nur bestimmte Lebensbereiche betreffen.

Aussage 1 ist ......, Aussage 2 ist ......, Verknüpfung ist ..... !

Behauptung 84:
Therapie einer Persönlichkeitsstörung richtet sich nicht auf Wesensänderungen , ... *weil* ... Persönlichkeitsstörungen im höheren Erwachsenenalter spontan remittieren.

Aussage 1 ist ....., Aussage 2 ist ....., Verknüpfung ist ..... !

Behauptung 85:
Bei Impulskontrollstörungen wird immer eine Persönlichkeitsstörung erwartet, ... *weil* ... bei nicht pathologischer Persönlichkeit keine Impulskontrollstörungen vorkommen.

Aussage 1 ist ....., Aussage 2 ist ....., Verknüpfung ist ..... !

Behauptung 86:
Komplizentaten bei Diebstahl schließen Kleptomanie als Ursache aus, ... *weil* ... pathologisches Stehlen immer von spontanen Impulsen ausgelöst wird.

Aussage 1 ist ....., Aussage 2 ist ....., Verknüpfung ist ..... !

Behauptung 87:
Störungen der sexuellen Präferenz sind fast immer unproblematisch, ... *weil* ... Betroffene meist nicht subjektiv unter ihren Neigungen leiden.

Aussage 1 ist ....., Aussage 2 ist ....., Verknüpfung ist ..... !

Behauptung 88:
Sexuelle Störungen sind nicht per se als krankhaft zu bezeichnen, ... *weil* ... Erziehungs sowie gesellschaftliche Bewertungen eine Rolle spielen.

Aussage 1 ist ....., Aussage 2 ist ....., Verknüpfung ist ..... !

Intelligenzminderung

Behauptung 89:
Kognitiver Leistungsverlust in der Kindheit wird Intelligenzminderung genannt, ... *weil* ... die Leistungseinbußen in der Kindheit in der Regel reversibel sind.

Aussage 1 ist ....., Aussage 2 ist ....., Verknüpfung ist ..... !

Behauptung 90:
Zur Einschätzung einer Intelligenzminderung sind IQ-Tests meistens ausreichend, ... *weil* ... der Grad der Alltagseinschränkung direkt vom Grad der Intelligenzminderung abhängt.

Aussage 1 ist ....., Aussage 2 ist ....., Verknüpfung ist ..... !

Behauptung 91:
Beim Durchführen von IQ-Tests genügt das Testen eines Intelligenzbereiches, ... *weil* ... die IQ-Werte verschiedener IQ-Bereiche bei einer Person nur wenig voneinander abweichen.

Aussage 1 ist ....., Aussage 2 ist ....., Verknüpfung ist ..... !

Behauptung 92:
Oligophrenie wird auch als angeborene Intelligenzminderung bezeichnet, ... *weil* ... als Auslöser Schädigungen vor oder während der Geburt infrage kommen.

Aussage 1 ist ....., Aussage 2 ist ....., Verknüpfung ist ..... !

Entwicklungsstörungen

Behauptung 93:
Kanner-Autisten können mit Gesprächstherapie gut behandelt werden, ... *weil* ... ihre meist durchschnittliche bis hohe Intelligenz ihnen ein therapeutisches Gespräch ermöglicht.

Aussage 1 ist ....., Aussage 2 ist ....., Verknüpfung ist ..... !

Behauptung 94:
Lese-Rechtschreib-Schwäche wird meist erst im Grundschulalter festgestellt, ... *weil* ... die typischen Fehlleistungen in den anderen Bereichen oft als ADHS fehlgedeutet werden.

Aussage 1 ist ....., Aussage 2 ist ....., Verknüpfung ist ..... !

Behauptung 95:
Autismus kann in vielen Fällen bereits im ersten Lebensjahr diagnostiziert werden, ... *weil* ... autistische Störungen als angeborene Erkrankungen gelten.

Aussage 1 ist ....., Aussage 2 ist ....., Verknüpfung ist ..... !

Behauptung 96:
Kanner-Autisten entwickeln kaum Mitgefühl für andere Menschen, ... *weil* ... bei Kanner-Autisten die Fähigkeit zu Empathie deutlich beeinträchtigt ist.

Aussage 1 ist ....., Aussage 2 ist ....., Verknüpfung ist ..... !

Verhaltensstörungen in der Kindheit

Behauptung 97:
ADHS wird meist erst nach schlechten Schulleistungen diagnostiziert, ... *weil* ... eine solche Störung erst ab dem sechsten Lebensjahr auftritt.

Aussage 1 ist ......, Aussage 2 ist ......, Verknüpfung ist ..... !

Behauptung 98:
ADHS-Kinder bedürfen beim Spielen erhöhter Aufmerksamkeit und Aufsicht, ... *weil* ... sie zu Risikohandlungen mit deutlicher Verletzungsgefahr neigen.

Aussage 1 ist ......, Aussage 2 ist ......, Verknüpfung ist ..... !

Behauptung 99:
Der Antrieb kann bei Aufmerksamkeitsdefizit-Störungen unauffällig sein, ... *weil* ... es auch Formen ohne ausgeprägte Hyperaktivität gibt.

Aussage 1 ist ......, Aussage 2 ist ......, Verknüpfung ist ..... !

Behauptung 100:
Tics im Kindesalter sind nicht grundsätzlich als pathologisch anzusehen, ... *weil* ... die meisten Tics passagere Zustände sind, die von selbst wieder vergehen.

Aussage 1 ist ......, Aussage 2 ist ......, Verknüpfung ist ..... !

Behauptung 101:
Bei leichten Tics sollten Kinder bei jedem Auftreten darauf angesprochen werden, ... *weil* ... leichte Tics durch willentliche Kontrolle unterdrückt werden können.

Aussage 1 ist ......, Aussage 2 ist ......, Verknüpfung ist ..... !

Behauptung 102:
Bei schweren vokalen Tics müssen mögliche frü-here motorische Tics erfragt werden, ... *weil* ... motorische und vokale Tics in schwerer Form ein Hinweis auf das Tou-rette-Syndrom sein können.

Aussage 1 ist ....., Aussage 2 ist ....., Verknüpfung ist ..... !

Behauptung 103:
Behandlung einer anhaltenden Enuresis ist nicht erfor-derlich, ... *weil* ... es bei Enuresis eine hohe Spontanhei-lungsrate gibt.

Aussage 1 ist ....., Aussage 2 ist ....., Verknüpfung ist ..... !

Behauptung 104:
Reinlichkeitserziehung ist bei Enuresis und Enkopresis oft wichtiger als Therapie, ... *weil* ... soziale Verwahrlo-sung und mangelnde Hygiene oft zu Ausscheidungsstö-rungen führen.

Aussage 1 ist ....., Aussage 2 ist ....., Verknüpfung ist ..... !

Suizid

Behauptung 105:
Jugendliche in Pubertätskrisen sollten nicht direkt auf Suizid angesprochen werden, ... *weil* ... bei Jugendlichen die Wahrscheinlichkeit von Nachahmungssuizid beson-ders hoch ist.

Aussage 1 ist ....., Aussage 2 ist ....., Verknüpfung ist ..... !

Behauptung 106:
Im Osten Deutschlands liegt die Suizidrate um ein Vielfaches über Westniveau, ... *weil* ... soziale Umbruchsituationen nach der Wiedervereinigung zum sprunghaften Anstieg führten.

Aussage 1 ist ......, Aussage 2 ist ......, Verknüpfung ist ..... !

Behauptung 107:
Nach Entlassung aus einer Klinik steigt die Suizidtendenz allgemein, ... *weil* ... Medikamenteneinnahme nicht mehr kontrolliert werden kann.

Aussage 1 ist ......, Aussage 2 ist ......, Verknüpfung ist ..... !

Behauptung 108:
In der schizophrenen Phase ist die Suizidalität nicht deutlich erhöht, ... *weil* ... Betroffene häufig bei Polizeidienststellen oder Krankenhäusern Schutz suchen.

Aussage 1 ist ......, Aussage 2 ist ......, Verknüpfung ist ..... !

Behauptung 109:
Erhöhte Suizidalität ermöglicht immer Zwangseinweisungen, ... *weil* ... bei deutlicher Suizidalität nahezu immer eine ausgeprägte psychische Störung vorliegt.

Aussage 1 ist ......, Aussage 2 ist ......, Verknüpfung ist ..... !

Behauptung 110:
Suizide steht als Todesursache bei Jugendlichen an zweiter Stelle, ... *weil* ... Jugendsuizide im Vergleich zu Erwachsenen besonders häufig vorkommen.

Aussage 1 ist ......, Aussage 2 ist ......, Verknüpfung ist ..... !

Behauptung 111:
Die meisten Suizide kommen im Winter vor, ... *weil* ... in den Wintermonaten die typische SAD auftritt.

Aussage 1 ist ....., Aussage 2 ist ....., Verknüpfung ist ..... !

Behauptung 112:
Die Therapiebereitschaft ist unmittelbar nach einem Suizidversuch relativ hoch, ... *weil* ... selbst im Suizid meist noch eine Restambivalenz besteht.

Aussage 1 ist ....., Aussage 2 ist ....., Verknüpfung ist ..... !

Somatotherapie

Behauptung 113:
Benzodiazepine können auf lange Zeit verabreicht werden, ... *weil* ... sie Angstzustände sehr schnell lösen und kaum Überdosierungsgefahr besteht.

Aussage 1 ist ....., Aussage 2 ist ....., Verknüpfung ist ..... !

Behauptung 114:
Elektrokrampftherapie wird heute nicht mehr angewandt, ... *weil* ... als Langzeitwirkung erhebliche und subjektiv lästige Bewegungsstörungen auftreten.

Aussage 1 ist ....., Aussage 2 ist ....., Verknüpfung ist ..... !

Behauptung 115:
Akathisie während der Rezidivprophylaxe ist unbedenklich, ... *weil* ... es sich fast immer um eine Nebenwirkung von Neuroleptika handelt.

Aussage 1 ist ....., Aussage 2 ist ....., Verknüpfung ist ..... !

Behauptung 116:
Antidepressiva werden unabhängig von der Ursache der Depression eingesetzt, ... *weil* ... sie bei allen Ursachen, auch körperlichen, stimmungsaufhellend wirken.

Aussage 1 ist ....., Aussage 2 ist ....., Verknüpfung ist ..... !

Behauptung 117:
Magnetresonanztherapie ist bei endogenen Depressionen unwirksam, ... *weil* ... bei endogenen Depressionen keine physiologischen Veränderungen im Gehirn vorliegen.

Aussage 1 ist ....., Aussage 2 ist ....., Verknüpfung ist ..... !

Behauptung 118:
Akathisie ist bei Schizophrenen sehr sorgsam zu bewerten, ... *weil* ... es sich sowohl um Nebenwirkung der Medikamente als auch um einen Rückfall handeln kann.

Aussage 1 ist ....., Aussage 2 ist ....., Verknüpfung ist ..... !

Behauptung 119:
Lithium kann als Medikament in der Rückfallvorbeugung lebenslang gegeben werden , ... *weil* ... es bei richtiger Dosierung gut verträglich ist.

Aussage 1 ist ....., Aussage 2 ist ....., Verknüpfung ist ..... !

Behauptung 120:
Antidepressiva und Neuroleptika werden auf keinen Fall gleichzeitig verordnet, ... *weil* ... sich beide Medikamente in der Wirkung entgegenstehen.

Aussage 1 ist ....., Aussage 2 ist ....., Verknüpfung ist ..... !

Psychotherapie

Behauptung 121:
Psychoanalytische Therapien werden nur im Liegen durchgeführt, ... *weil* ... den Klienten das freie Assoziieren in liegender, abgewandter Position leichter fällt.

Aussage 1 ist ....., Aussage 2 ist ....., Verknüpfung ist ..... !

Behauptung 122:
Ziel der Psychoanalyse ist die tiefe Regression des Klienten, ... *weil* ... frühkindliche Störungen so erfahrbar gemacht werden sollen.

Aussage 1 ist ....., Aussage 2 ist ....., Verknüpfung ist ..... !

Behauptung 123:
Gesprächstherapie eignet sich nur bei Krankheitseinsicht des Klienten, ... *weil* ... sie auf Freiwilligkeit basiert und nur der Klient die Inhalte bestimmt.

Aussage 1 ist ....., Aussage 2 ist ....., Verknüpfung ist ..... !

Behauptung 124:
Tiefenentspannungsverfahren eignen sich weniger für Schizophrene, ... *weil* ... in der Tiefenentspannung erhöhte Rückfallgefahr besteht.

Aussage 1 ist ....., Aussage 2 ist ....., Verknüpfung ist ..... !

Behauptung 125:
Psychotherapie ist zur Behandlung von Schizophrenie nicht geeignet, ... *weil* ... die Compliance des Patienten bei psychotherapeutischer Begleitung oft brüchig wird.

Aussage 1 ist ....., Aussage 2 ist ....., Verknüpfung ist ..... !

Behauptung 126:
Therapie mit Depressiven ist dem Heilpraktiker für Psychotherapie nicht gestattet, ... *weil* ... bei Depressionen immer eine ärztliche Behandlung erforderlich ist.

Aussage 1 ist ....., Aussage 2 ist ....., Verknüpfung ist ..... !

Behauptung 127:
Die Gesprächstherapie (GPT) ist nicht direktiv, ... *weil* ... die GPT unterstellt, dass der Klient sich selbst entfaltet.

Aussage 1 ist ....., Aussage 2 ist ....., Verknüpfung ist ..... !

Behauptung 128:
Im Zuge einer Psychoanalyse kommt es zu Widerständen, ... *weil* ... Übertragungsprozesse frühe Erfahrungen wiederbeleben, gegen die sich der Patient wehrt.

Aussage 1 ist ....., Aussage 2 ist ....., Verknüpfung ist ..... !

Rechtsfragen

Behauptung 129:
Volltrunkenheit kann zu Geschäftsunfähigkeit führen, ... *weil* ... anhaltende Bewusstseinsstörungen zu den Ursachen für Geschäftsunfähigkeit gehören.

Aussage 1 ist ....., Aussage 2 ist ....., Verknüpfung ist ..... !

Behauptung 130:
Betreute Personen sind nicht berechtigt, an Wahlen teilzunehmen, ... *weil* ... Betreuung nur bei eingeschränkter Handlungsfähigkeit einer Person angeordnet wird.

Aussage 1 ist ....., Aussage 2 ist ....., Verknüpfung ist ..... !

Behauptung 131:
Neurotische Störungen dürfen auch ohne Heilkundeerlaubnis behandelt werden, ... *weil* ... eine Psychotherapie im rechtlichen Sinn nur bei psychotischen Störungen vorliegt.

Aussage 1 ist ....., Aussage 2 ist ....., Verknüpfung ist ..... !

Behauptung 132:
Manien führen in der Regel zu Geschäftsunfähigkeit, ... *weil* ... Maniker zum Eingehen unerfüllbarer Verträge und Größenwahn neigen.

Aussage 1 ist ....., Aussage 2 ist ....., Verknüpfung ist ..... !

Behauptung 133:
Verträge, die im Dämmerzustand abgeschlossen werden, sind gültig, ... *weil* ... nur längere Bewusstseinsstörungen zu Geschäftsunfähigkeit führen.

Aussage 1 ist ....., Aussage 2 ist ....., Verknüpfung ist ..... !

Behauptung 134:
Akute Suizidalität berechtigt immer zur Unterbringung für einige Wochen, ... *weil* ... bei erhöhter Suizidalität immer von einer psychischen Störung auszugehen ist.

Aussage 1 ist ....., Aussage 2 ist ....., Verknüpfung ist ..... !

Behauptung 135:
Während der schizophrenen Phase kommt es häufig zu Zwangseinweisungen, ... *weil* ... aufgrund der hohen Gewaltbereitschaft Schizophrener eine Fremdgefährdung vorliegt.

Aussage 1 ist ....., Aussage 2 ist ....., Verknüpfung ist ..... !

Behauptung 136:
Betreute Menschen können nur begrenzt über ihr Geld verfügen, ... *weil* ... mit jeder Betreuung ein Einwilligungsvorbehalt angeordnet wird.

Aussage 1 ist ....., Aussage 2 ist ....., Verknüpfung ist ..... !

Behauptung 137:
Jede psychische Störung kann zu verminderter Schuldfähigkeit führen, ... *weil* ... die Entscheidungsfreiheit bei jeder psychischen Störung eingeschränkt ist.

Aussage 1 ist ....., Aussage 2 ist ....., Verknüpfung ist ..... !

Behauptung 138:
Anhaltende schwere Bewusstseinsstörungen führen immer zu Schuldunfähigkeit, ... *weil* ... die Unrechtseinsicht bei schweren Bewusstseinsstörungen als aufgehoben angesehen wird.

Aussage 1 ist ....., Aussage 2 ist ....., Verknüpfung ist ..... !

Behauptung 139:
Heilpraktiker für Psychotherapie dürfen teilweise auch Akupunktur anwenden, ... *weil* ... mit Akupunktur in der Regel seelische Leiden behandelt werden.

Aussage 1 ist ....., Aussage 2 ist ....., Verknüpfung ist ..... !

Behauptung 140:
Mit einer Heilkundeerlaubnis darf man sich in ganz Europa niederlassen, ... *weil* ... die Europäische Union ein einheitliches Berufsrecht vorsieht.

Lösungen

Psychopathologie und Klassifikation

Behauptung 1:
Beide Aussagen sind richtig. Die Verknüpfung ist korrekt.
Außer den genannten Symptomen gehören Gedanken-
ausbreitung und Willensbeeinflussung zu den Ich-
Störungen. Gedankenlautwerden kann auch dazu ge-
rechnet werden, obwohl es sich hier streng genommen
um eine Halluzination und damit eine Wahrnehmungs-
störung handelt.

Behauptung 2:
*Aussage 1 ist falsch. Aussage 2 ist richtig. Die Verknüpfung
ist falsch.* Psychomotorische Störungen sind Antriebsstö-
rungen. Störungen der Affektivität betreffen die Stimmungslage. Verlangsamte Motorik ist jedoch typisch für
depressive Verstimmungen und daher durchaus ein
Hinweis auf Affektstörungen.

Behauptung 3:
Beide Aussagen sind richtig. Die Verknüpfung ist korrekt.
Man unterscheidet inhaltliche Denkstörungen (Was
denkt der Patient?) und formale (Wie denkt der Patient?).

Behauptung 4:
Beide Aussagen stimmen. Die Verknüpfung ist korrekt. Betroffene fühlen sich zu ihrer eigenen Person und zur
Umgebung merkwürdig distanziert. Es besteht das anhaltende Gefühl, neben sich selbst zu stehen. Hierbei ist
die Meinhaftigkeit häufig erhalten. Es kann auch ein
Übergangszustand zu einer Ich-Störung sein.

Behauptung 5:
Aussage 1 ist falsch, Aussage 2 ist richtig. Die Verknüpfung ist falsch. Zeitgitterstörungen sind Orientierungsstörungen, die aus einer Gedächtnisstörung (Lücke) resultieren. Vergangenes kann aufgrund einer starken Gedächtnislücke von vielen Jahren als Gegenwart erlebt werden.

Behauptung 6:
Beide Aussagen sind falsch. Die Verknüpfung ist unmöglich. Die zeitliche Orientierung fällt meist zuerst aus. Danach erst folgen die örtliche und situative, zuletzt die Orientierung zur Person.

Behauptung 7:
Aussage 1 ist falsch. Aussage 2 ist richtig. Die Verknüpfung ist falsch. Ideenflüchtiges Denken betrifft den Denkablauf (Wie denkt der Patient?) und ist damit eine formale Denkstörung. Die Inhalte wechseln sehr schnell.

Behauptung 8:
Aussage 1 ist richtig. Aussage 2 ist falsch. Die Verknüpfung ist falsch. Heute wird die ICD-10 als beschreibende Ordnung bevorzugt. Auf Ursachenzuschreibungen wurde zugunsten einer Sortierung nach ähnlichen Krankheitsanzeichen verzichtet.

Behauptung 9:
Aussage 1 ist falsch, Aussage 2 ist richtig. Die Verknüpfung ist falsch. Psychotherapeutische Unterstützung und Gedächtnistrainings verzögern den kognitiven Zerfall deutlich. Dennoch kann der progrediente Verlauf so nicht aufgehalten werden.

Behauptung 10:
Beide Aussagen sind richtig. Die Verknüpfung ist korrekt.
Klagen Patienten über Frühsymptome einer Demenz, so liegt meist eine depressive Pseudodemenz, also eine Depression vor. Die frühen Symptome wie Merkfähigkeitsstörungen und Konzentrationsschwäche sind sehr unspezifisch und können auch im gesunden Bereich vorkommen.

Behauptung 11:
Beide Aussagen sind falsch. Die Verknüpfung ist unmöglich.
Alle Störungen mit Realitätsverlust sind psychotisch. Hierzu gehören die Störungsbilder der Gruppen F0 (organische Psychosen), F1 (schwere Abhängigkeitssyndrome), F2 (Schizophrenie und Wahn) und F3 (Affektive Psychosen). Produktive Symptomatik wie beispielsweise Wahn kann auch bei Demenzen auftreten.

Behauptung 12:
Beide Aussagen sind richtig. Die Verknüpfung ist korrekt.
Natürlich gelten Demenzen zu recht als Alterserkrankungen. Sie treten eben nicht in jedem Alter mit gleicher Häufigkeit auf. Ein Unfall oder eine schwere körperliche Erkrankung kann aber in jedem Alter zu einer Demenz führen.

Behauptung 13:
Beide Aussagen sind richtig. Die Verknüpfung ist jedoch falsch. Sauerstoffmangel während der Geburt führt zu Hirnschädigungen und Intelligenzminderung. Das ist aber keine Demenz. Hier spricht man von einer angeborenen Intelligenzminderung (F7).

Behauptung 14:

Beide Aussagen sind falsch. Die Verknüpfung ist unmöglich. Demenz bedeutet immer Leistungsverlust im kognitiven Bereich. Es geht also auf jeden Fall mehr verloren als „nur" die Persönlichkeit. Es gibt chronische organische Psychosyndrome ohne kognitive Leistungseinbußen. Diese gehören aber zu den nichtdemenziellen chronischen Störungen.

Behauptung 15:

Beide Aussagen sind falsch. Die Verknüpfung ist unmöglich. Schizophrenie gehört zu den endogenen (anlagebedingten) Psychosen. Zwar gibt es körperliche Veränderungen (Dopamin). Diese erklären aber nicht die schizophrene Psychose und schädigen das Gehirn nicht derart gravierend, dass eine Demenz entstehen könnte.

Behauptung 16:

Beide Aussagen sind richtig. Die Verknüpfung ist korrekt. Das Selbsterhaltungstraining für demente Patienten zeigt, dass Alltagsverrichtungen wie Körperhygiene, Haushaltsroutinen und insgesamt Gedächtnisleistungen deutlich länger erhalten bleiben als ohne ein gezieltes Üben.

Behauptung 17:

Aussage 1 ist falsch, Aussage 2 ist richtig. Die Verknüpfung ist falsch. Ein Delir kann rückblickend an der Amnesie diagnostiziert werden. Durchgangssyndrome sind akute organische Psychosyndrome ohne Bewusstseinsstörungen, also kein Delir.

Behauptung 18:

Beide Aussagen sind falsch. Die Verknüpfung ist unmöglich. Das Gedächtnis der Korsakow-Patienten ist schwer beeinträchtigt. Das so genannte Immediatgedächtnis, das unmittelbar Wahrgenommenes verarbeiten und wiedergeben kann, ist aber erhalten. Zahlenreihen nachsprechen funktioniert daher. Die zweite Aussage ist falsch, da es nicht die Intelligenz ist, die bei Korsakow gestört ist. Sie ist vollständig erhalten, genau wie das Bewusstsein.

Behauptung 19:
Aussage 1 ist richtig, Aussage 2 ist falsch. Die Verknüpfung ist falsch. Betroffene verhalten sich äußerlich recht geordnet und besonnen und fallen daher nicht direkt auf. Dämmerzustände gehören jedoch zu den Bewusstseinsstörungen. Eine Eintrübung liegt daher vor. Dieser Zustand kann als traumähnlich bezeichnet werden.

Behauptung 20:
Beide Aussagen sind richtig. Die Verknüpfung ist korrekt. Demenzen sind fast immer langsam progredient. Die Einschränkungen sind entsprechend zum Testzeitpunkt relativ konstant. Bei Pseudodemenz, die eigentlich eine Depression ist, klagen Betroffene stark über die „Demenzsymptome" wie Vergesslichkeit und Konzentrationsschwächen und ihre kognitiven Leistungen schwanken stark.

Behauptung 21:
Beide Aussagen stimmen. Die Verknüpfung ist korrekt. Commotio cerebri ist eine Gehirnerschütterung. Die verläuft meist "harmlos" und heilt ohne Restsymptome aus.

Behauptung 22:
Beide Aussagen sind falsch. Die Verknüpfung ist unmöglich. Psychische Störungen bei einer AIDS-Erkrankung können auch als sekundäre Neurotisierungen auftreten.

Angst vor dem sicheren Tod kann beispielsweise dazu führen. Es gibt natürlich eine AIDS-Demenz. Diese muss aber nicht entstehen.

Behauptung 23:
Beide Aussagen sind richtig. Die Verknüpfung ist korrekt. Die Pseudodemenz ist in Wahrheit eine Depression. Typischerweise beklagen Betroffene ihren "Gedächtnisverlust", während demente Patienten ihn versuchen zu verbergen oder darüber hinwegsehen.

Behauptung 24:
Beide Aussagen sind richtig. Die Verknüpfung ist korrekt. Patienten sind während eines Delirs viel zu verwirrt, um einen klaren Gedanken zu fassen und bei einer Behandlung aktiv zu kooperieren. Halluzinosen werden von den Betroffenen oft als krankhaft wahrgenommen und entsprechend willigen sie in eine Behandlung ein.

Behauptung 25:
Behauptung 1 ist richtig. Behauptung 2 ist falsch. Die Verknüpfung ist falsch. Sogar Drogen, die nicht körperlich abhängig machen, wie beispielsweise Haschisch, können zu psychotischen Phänomenen führen.

Behauptung 26:
Aussage 1 ist richtig. Aussage 2 ist falsch. Die Verknüpfung ist falsch. Suizidalität sollte bei allen Patienten exploriert werden. Drogenabhängige gehören zudem zu einer Hochrisikogruppe. Das Ausmaß der Suizidalität ist jedoch kein Hinweis auf das Ausmaß der Abhängigkeit. Auch bei geringer Abhängigkeit kann eine akute Suizidalität vorliegen.

Behauptung 27:
Beide Aussagen sind richtig. Die Verknüpfung ist korrekt.
Psychotische Symptome wie Wahn und Halluzinationen können nicht per Augenschein zugeordnet werden. Gerade die für Schizophrenie typischen produktiven Symptome können häufig kommen.

Behauptung 28:
Beide Aussagen sind richtig. Die Verknüpfung ist korrekt.
Eifersuchtswahn kommt überwiegend bei männlichen Alkoholikern vor. Er besteht in der krankhaften Überzeugung, die Partnerin gehe fremd.

Behauptung 29:
Beide Aussagen sind falsch. Die Verknüpfung ist unmöglich.
Völlige Abstinenz ist ein Langzeitziel, das nicht immer zu erreichen ist. Das oberste Ziel ist das Überleben des Patienten.

Behauptung 30:
Aussage 1 ist falsch. Aussage 2 ist richtig. Die Verknüpfung ist falsch. Zur Zwangseinweisung ist das gleichzeitige Vorliegen einer psychischen Erkrankung mit akuter Suizidalität notwendig. Das suizidale Ausmaß des protrahierten Suizides ist nicht durchgängig akut.

Behauptung 31:
Beide Aussagen sind falsch. Die Verknüpfung ist unmöglich.
Polytoxikomanie bedeutet Mehrfachabhängigkeit. Es werden also viele Substanzen genommen, was die Therapie nicht erleichtert. Das Ausmaß der Abhängigkeit kann nicht für einzelne Substanzen getrennt betrachtet werden.

Behauptung 32:

Aussage 1 ist falsch. Aussage 2 ist richtig. Die Verknüpfung ist falsch. Auch beim Entzug von Haschisch gibt es körperliche Wirkungen. Diese sind jedoch nicht so spezifisch wie bei körperlich abhängig machenden Drogen.

Behauptung 33:

Beide Aussagen sind falsch. Die Verknüpfung ist falsch. Anhaltender Wahn kann auch zu einer wahnhaften Störung gehören. Dort hält sich die Wahnsymptomatik oft über viele Jahre hinweg.

Behauptung 34:

Beide Aussagen sind richtig. Die Verknüpfung ist korrekt. Ein weiterer Grund der mangelnden Compliance ist oft die Steigerung des subjektiven Befindens des Patienten im Zuge einer psychotherapeutischen Begleitung. Hieraus wird von Betroffenen oft falsch gefolgert, dass eine medikamentöse Rückfallvorbeugung nicht mehr notwendig wäre.

Behauptung 35:

Beide Aussagen stimmen. Die Verknüpfung ist korrekt. Oft handelt es sich bei Bewegungsunruhe um eine Nebenwirkung von Neuroleptika (Akathisie). Auch dann kann eine Anpassung der Dosis oder ein Medikamentenwechsel ggf. helfen bzw. eine Behandlung der Nebenwirkungen erfolgen. Das alles entscheidet ausschließlich der Arzt!

Behauptung 36:

Beide Aussagen sind falsch. Die Verknüpfung ist unmöglich. Prognostisch günstig ist eine schnelle Entwicklung der

Symptomatik, da hier auch schnell behandelt wird. Ausgeprägte Symptome können jederzeit auftreten.

Behauptung 37:
Aussage 1 ist falsch. Aussage 2 ist richtig. Die Verknüpfung ist falsch. Beim induzierten Wahn geht es um eine wahnhafte Störung und damit ist Wahn das einzige deutliche Symptom. Gelegentliche Halluzinationen widersprechen laut ICD-10 jedoch nicht der Diagnose der induzierten Wahnstörung.

Behauptung 38:
Aussage 1 ist falsch. Aussage 2 ist richtig. Die Verknüpfung ist falsch. Schizophrene können sich natürlich einmal gegen die vermeintlichen Angreifer "wehren" und das auch gewaltvoll. Insgesamt begehen Schizophrene aber nicht häufiger Gewalttaten als der Bevölkerungsdurchschnitt.

Behauptung 39:
Beide Aussagen sind falsch. Die Verknüpfung ist unmöglich. Schizophrene suchen häufig Schutz bei der Polizei. Dabei handeln sie gleichzeitig in der schizophrenen Welt und in der realen Welt. Das nennt man doppelte Buchführung. In der Hochphase einer schizophrenen Phase fühlen sich Betroffene oft derart verfolgt, dass sie keinen Schutz mehr suchen.

Behauptung 40:
Aussage 1 ist falsch. Aussage 2 ist richtig. Die Verknüpfung ist falsch. Es gibt immer die Möglichkeit eines positiven Knicks, auch bei langer und schwerer Symptomatik.

Behauptung 41:
Beide Aussagen sind falsch. Die Verknüpfung ist unmöglich.
Tiefenentspannung provoziert psychotische Episoden und fördert damit eher den Rückfall.

Behauptung 42:
Beide Aussagen sind richtig. Die Verknüpfung ist richtig. Es kommt darauf an, dass möglichst "normal" mit dem Patienten umgegangen wird. Zu große emotionale Nähe und Überfürsorge überfordern ihn schnell und provozieren Rückfälle.

Behauptung 43:
Beide Aussagen sind falsch. Die Verknüpfung ist unmöglich.
Große emotionale Nähe überfordert den Patienten und fördert Rückfälle.

Behauptung 44:
Aussage 1 ist falsch. Aussage 2 ist richtig. Die Verknüpfung ist falsch. Psychotherapie gefährdet die Compliance häufig. Klingt widersprüchlich, stimmt aber. Fühlt sich der Patient wohl, weil die Psychotherapie wirkt, so neigt er dazu, zu glauben, er benötige keine Medikamente mehr. Die Dosis kann oft verringert werden, das muss aber immer der Arzt entscheiden.

Behauptung 45:
Aussage 1 ist richtig. Aussage 2 ist falsch. Die Verknüpfung ist falsch. Der Phasenverlauf gleicht eher einer bipolaren Störung. Die Symptomatik gleicht der Schizophrenie.

Behauptung 46:
Beide Aussagen sind richtig. Die Verknüpfung ist falsch. Der Grund, warum die Diagnose nicht so schnell gestellt

wird, besteht darin, dass die Symptomatik nicht immer von Pubertätserscheinungen zu unterscheiden ist und in vielen Fällen im jungen Erwachsenenalter abklingt und nicht wieder auftaucht.

Behauptung 47:
Aussage 1 ist falsch. Aussage 2 ist richtig. Die Verknüpfung ist falsch. Der Leidensdruck ist sehr groß, aber die Krankheitseinsicht fehlt. Behandlungsversuche werden eher als Übergriffe und Verfolgungstaten gedeutet.

Bedeutung 48:
Beide Aussagen sind richtig. Die Verknüpfung ist korrekt. Sind die bizarren Ideen noch korrigierbar, so liegt eine überwertige Idee vor.

Behauptung 49:
Beide Aussagen sind richtig. Die Verknüpfung ist korrekt. Steigende Suizidalität ist natürlich nicht gewollt. Aber dieser Nebeneffekt tritt bei einigen Medikamenten auf und muss berücksichtigt werden.

Behauptung 50:
Aussage 1 ist falsch. Aussage 2 ist richtig. Die Verknüpfung ist falsch. Depressive neigen sehr stark zu Suiziden. Suizidgedanken können und sollten jedoch immer angesprochen werden. Es ist ein weit verbreiteter Irrglaube, dass erst dadurch ein Patient auf die Idee käme, sich das Leben zu nehmen.

Behauptung 51:
Beide Aussagen sind richtig. Die Verknüpfung ist korrekt. Die ICD-10 sieht es so vor.

Behauptung 52:
Beide Aussagen sind falsch. Die Verknüpfung ist unmöglich. Bei ausgeprägten Manien kommen durchaus produktive Symptome vor. In der Vollausprägung kann es für den Notarzt schwierig werden, Manie von Schizophrenie zu unterscheiden, wenn er die Vorgeschichte des Patienten nicht kennt.

Behauptung 53:
Aussage 1 ist richtig. Aussage 2 ist falsch. Die Verknüpfung ist falsch. Gleichzeitiges Vorliegen einer psychischen Störung und deutliche Suizidalität oder Fremdgefährdung muss gegeben sein. Fremdgefährdung liegt bei Depressiven nicht vor, hohe Suizidalität schon.

Behauptung 54:
Beide Aussagen sind richtig. Die Verknüpfung ist korrekt. Depressionen zeigen sich nicht immer durch deutliche Verstimmungen. Beschwerden im Magen-Darm-Bereich, Brustschmerzen etc. können deutlich im Vordergrund stehen.

Behauptung 55:
Aussage 1 ist richtig. Aussage 2 ist falsch. Die Verknüpfung ist falsch. Beobachten sollte man sie schon, denn eine Manie kann daraus entstehen. Das ist aber nicht immer der Fall.

Behauptung 56:
Beide Aussagen sind richtig. Die Verknüpfung ist korrekt. Beispielsweise bei Angst- oder Zwangsstörungen kommen depressive Begleiterscheinungen vor. Es darf also nicht vorschnell die Diagnose Depression gestellt werden.

Behauptung 57:
Beide Aussagen sind falsch. Die Verknüpfung ist unmöglich.
Antidepressiva wirken unabhängig von der Ursache gegen depressive Verstimmungen. Selbstverständlich müssen Ursachen dennoch abgeklärt werden.

Behauptung 58:
Beide Aussagen sind richtig. Die Verknüpfung ist korrekt.
Maniker gehen unerfüllbare Verträge ein und geben mehr Geld aus als sie zur Verfügung haben. Trotz Geschäftsunfähigkeit droht der wirtschaftliche Ruin, da nicht alle Geschäfte rückgängig gemacht werden können, nachdem Manie diagnostiziert wird.

Behauptung 59:
Beide Aussagen sind richtig. Die Verknüpfung ist korrekt.
Manischer Stupor kommt relativ selten vor, es gibt ihn aber.

Behauptung 60:
Aussage 1 ist richtig. Aussage 2 ist falsch. Die Verknüpfung ist falsch. Schizoaffektive Störungen sind Mischzustände aus schizophrenen und affektiven Störungen, wobei die affektive Veränderung nicht unbedingt depressiv sein muss, sie kann auch manisch sein.

Behauptung 61:
Aussage 1 ist richtig. Aussage 2 ist falsch. Die Verknüpfung ist falsch. Sucht und Depression hängen zusammen. Viele Depressive greifen zu Suchtmitteln in ihrer Not. Alkoholismus kann auch depressive Verstimmungen produzieren, das macht aber nicht die Mehrzahl aller depressiven Symptome aus.

Behauptung 62:

Beide Aussagen sind falsch. Die Verknüpfung ist unmöglich.
Antriebsminderung ist typisch für Depressionen. Es gibt aber auch die agitierte Depression (ängstliche Getriebenheit) und die maskierte Depression, bei der körperliche Beschwerden im Vordergrund stehen.

Behauptung 63:

Aussage 1 ist richtig. Aussage 2 ist falsch. Die Verknüpfung ist falsch. Manische Züge unmittelbar nach einer depressiven Phase können auch zu einer häufig vorkommenden leichten Nachschwankung in die entgegengesetzte Richtung gehören und danach zunächst in den Normalzustand der Stimmungslage übergehen.

Behauptung 64:

Beide Aussagen sind richtig. Die Verknüpfung ist korrekt.
Lithium wird meist gut vertragen und zeigt allenfalls leichte Nebenwirkungen (leichtes Zittern), die gut behandelt werden können.

Behauptung 65:

Beide Aussagen sind richtig. Die Verknüpfung ist korrekt.
Häufig zeigen sich Bauschmerzen und Übelkeit oder andere Beschwerden, die selbst dem Betroffenen verschleiern, dass er eigentlich Angst hat.

Behauptung 66:

Aussage 1 ist falsch. Aussage 2 ist richtig. Die Verknüpfung ist falsch. Benzodiazepine wie Valium oder Diazepam wirken sehr gut, machen aber sehr schnell abhängig. Eine Indikation für Langzeitverordnungen gibt es daher nicht.

Behauptung 67:
Aussage 1 ist richtig. Aussage 2 ist falsch. Flooding kann sehr belastend sein und die Angstsymptomatik auch festigen. Bei maximaler Reizdarbietung kann es also sein, dass der Patient heillos überfordert ist. Paradoxe Effekte gibt es nicht.

Behauptung 68:
Beide Aussagen sind richtig. Die Verknüpfung ist korrekt. Hinter den Zwangsmechanismen steht Angst. Der Zwang dient als Ritual der Angstkontrolle. Das wirkt in gewissem Umfang Suizid hemmend. Es blockiert einen möglichen Suizid jedoch nicht vollständig.

Behauptung 69:
Beide Aussagen sind richtig. Die Verknüpfung ist korrekt. Das bedeutet jedoch nicht, dass Zwangskranke auch besonders therapiewillig sind. Verhaltenstherapien versuchen, Alternativen zu den Zwangsritualen zu trainieren. Das fürchten die Betroffenen deutlich, da die Angst stärker wird.

Behauptung 70:
Beide Aussagen sind falsch. Die Verknüpfung ist unmöglich. Wahn ist eine produktive Symptomatik und gehört nicht zu einer Anpassungsstörung. Kommt dennoch ein Wahn im Zusammenhang mit einer Anpassungsstörung vor, so liegt eine weitere psychische Störung gleichzeitig vor.

Behauptung 71:
Beide Aussagen sind falsch. Die Verknüpfung ist unmöglich. Ursachen für Anpassungsstörungen können relativ "alltäglich" sein und sind nicht unbedingt katastrophal. Nach dem auslösenden Ereignis tritt die Störung nicht

sofort auf, sondern mit einer Verzögerung von bis zu mehreren Wochen. Da stellen Betroffene nicht unbedingt selbst eine Verbindung zum Ereignis her.

Behauptung 72:

Aussage 1 ist richtig. Aussage 2 ist falsch. Die Verknüpfung ist falsch. Es ist der primäre Krankheitsgewinn, der den Patienten die Diagnose ablehnen lässt. Käme die psychische Belastung nicht im Körperlichen zum Ausdruck, so müsste sie bearbeitet werden.

Behauptung 73:

Aussage 1 ist falsch. Aussage 2 ist richtig. Die Verknüpfung ist falsch. Es gibt Mischzustände, teilweise wird sogar der Begriff Bulimarexie gebraucht. Eine Anorexie kann auch in eine Bulimie übergehen und umgekehrt.

Behauptung 74:

Beide Aussagen sind richtig. Die Verknüpfung ist korrekt. Bis zu 20 Prozent aller Anorexien enden tödlich. Das Hungern kann als suizidal angesehen werden, wenn es zur deutlichen Bedrohung für das Leben des Patienten wird. Zwangseinweisung ist dann möglich.

Behauptung 75:

Aussage 1 ist falsch. Aussage 2 ist richtig. Die Verknüpfung ist falsch. Bulimiker haben meist relativ normales Körpergewicht. Es fehlt ihnen aber nicht die Erkenntnis, dass sie krank sind.

Behauptung 76:

Beide Aussagen sind richtig. Die Verknüpfung ist korrekt. Dennoch kann man auch hier irren. Die Gründe für das

Abmagern bzw. die hagere Figur müssen sorgsam medizinisch exploriert werden.

Behauptung 77:
Beide Aussagen sind falsch. Die Verknüpfung ist unmöglich.
So gefährlich ist das Aufwecken nicht. Die Orientierung ist sehr schnell da.

Behauptung 78:
Beide Aussagen sind richtig. Die Verknüpfung ist korrekt. Es darf nicht vorschnell eine primäre, also psychisch bedingte Schlafstörung diagnostiziert werden. Medikamentenwirkung, Erkrankungen und äußere Einflüsse während der Schlafenszeit kommen beispielsweise als Auslöser infrage.

Behauptung 79:
Beide Aussagen sind falsch. Die Verknüpfung ist unmöglich.
Die notwendige bzw. ideale Schlafdauer ist sehr verschieden von Mensch zu Mensch. Durchschnittlich genügen aber 6 – 7 Stunden pro Nacht.

Behauptung 80:
Beide Aussagen sind richtig. Die Verknüpfung ist korrekt.
Versagensängste, mangelnde Erfahrung, moralisches Gedankengut und religiöse Regeln können ebenfalls zu Funktionsstörungen führen.

Behauptung 81:
Beide Aussagen sind falsch. Die Verknüpfung ist unmöglich.
Persönlichkeitsstörungen sind weitgehend resistent. Therapie zielt mehr auf den richtigen Umgang mit der Störung, sofern Betroffene sich auf eine Therapie einlassen, denn als krank betrachten sie sich nicht.

Behauptung 82:
Beide Aussagen sind falsch. Die Verknüpfung ist unmöglich. Persönlichkeitsstörungen entstehen hauptsächlich im Jugendalter. Im Erwachsenenalter kommt so etwas nicht mehr vor. Extrembelastungen bei Naturkatastrophen führen zu posttraumatischen Belastungsstörungen oder Anpassungsstörungen.

Behauptung 83:
Aussage 1 ist richtig. Aussage 2 ist falsch. Die Verknüpfung ist falsch. Persönlichkeitsstörungen betreffen den gesamten Charakter und damit auch alle Lebensbereiche. Dennoch gehen auch betroffene Menschen arbeiten und nehmen am gesellschaftlichen Leben teil.

Behauptung 84:
Aussage 1 ist richtig. Aussage 2 ist falsch. Die Verknüpfung ist falsch. Therapie zielt darauf, eine weitgehend zufriedene Lebensführung zu ermöglichen. Wesensänderungen sind nur sehr begrenzt möglich. Persönlichkeitsstörungen remittieren niemals spontan.

Behauptung 85:
Beide Aussagen sind falsch. Die Verknüpfung ist unmöglich. Persönlichkeitsstörungen stehen in keinem Zusammenhang mit Impulskontrollstörungen.

Behauptung 86:
Beide Aussagen sind richtig. Die Verknüpfung ist korrekt. Die Zeit reicht nicht aus und es besteht auch kein Interesse an einer Absprache. Es geht nicht um einen besonders geschickten Diebstahl, sondern um einen Impuls.

Behauptung 87:
Aussage 1 ist falsch. Aussage 2 ist richtig. Die Verknüpfung ist falsch. Auch wenn Betroffene nicht leiden, kommt es zu problematischen Ereignissen. Die Pädophilie mit gewaltvollen Übergriffen auf Kinder ist das bekannteste Beispiel dafür.

Behauptung 88:
Beide Aussagen sind richtig. Die Verknüpfung ist korrekt. Die Mehrzahl der sexuellen Störungen beruht auf Versagensängsten, unsicherem Selbstbewusstsein und Einflüssen von Erziehung und Moral.

Behauptung 89:
Beide Aussagen sind falsch. Die Verknüpfung ist unmöglich. Intelligenzminderung (F 7) ist angeboren. Außerdem ist kindlicher Intelligenzverlust, beispielsweise bei Kinderdemenzen, nicht immer reversibel.

Behauptung 90:
Beide Aussagen sind falsch. Die Verknüpfung ist unmöglich. Das Ausmaß der Einschränkungen hängt von verschiedenen Faktoren ab, beispielsweise von den tatsächlichen Anforderungen, den Hilfemöglichkeiten und von unterstützenden Personen.

Behauptung 91:
Beide Aussagen sind falsch. Die Verknüpfung ist unmöglich. Um ein umfassendes Bild zu erhalten, müssen möglichst viele Intelligenzbereiche getestet werden und der Umgang mit den Alltagserfordernissen der jeweiligen Person untersucht werden. Verschiedene IQ-Bereiche können außerdem erheblich voneinander abweichen.

Behauptung 92:
Beide Aussagen sind richtig. Die Verknüpfung ist korrekt. Vorgeburtliche Schäden können beispielsweise durch Alkoholkonsum während der Schwangerschaft, durch Gendefekte oder Infektionskrankheiten entstehen. Während der Geburt kann z. B. Sauerstoffmangel zu einer Intelligenzminderung führen. Auch diese perinatale Schädigung wird als angeboren bezeichnet.

Behauptung 93:
Beide Aussagen sind falsch. Die Verknüpfung ist unmöglich. Kanner-Autismus ist der frühkindliche Autismus, dessen Hauptsymptom in der mangelnden Beziehungsfähigkeit besteht. Gesprächstherapie ist da nicht möglich. Zudem sind Kanner-Autisten auch in den meisten Fällen minderintelligent.

Behauptung 94.
Aussage 1 ist richtig. Aussage 2 ist falsch. Die Verknüpfung ist falsch. LRS ist durch normale Leistungen in anderen Bereichen und Schwächen beim Lesen und Schreiben gekennzeichnet.

Behauptung 95:
Beide Aussagen sind falsch. Die Verknüpfung ist unmöglich. Autismus zeigt erst im Alter von etwa 3 Jahren auffällige Erscheinungen.

Behauptung 96:
Beide Aussagen stimmen. Die Verknüpfung ist korrekt. Die Beeinträchtigung der Beziehungsfähigkeit ist das Kernsymptom des frühkindlichen Autismus.

Behauptung 97:
Aussage 1 ist richtig. Aussage 2 ist falsch. Die Verknüpfung ist falsch. ADHS beginnt bereits vor dem 6. Lebensjahr, allerdings fällt die Störung oft erst bei schlechten Schulleistungen auf. Daher die späte Diagnose.

Behauptung 98:
Beide Aussagen stimmen. Die Verknüpfung ist korrekt. Betroffene Kinder laufen unachtsam über die Straße oder machen waghalsige Kletteraktionen.

Behauptung 99:
Beide Aussagen stimmen. Die Verknüpfung ist korrekt. Solche Formen sind auch als ADS bekannt. Hier fehlt die ausgeprägte Hyperaktivität.

Behauptung 100:
Beide Behauptungen stimmen. Die Verknüpfung ist korrekt. Insgesamt ist es nur ein geringer Teil der Tic-Störungen, der chronisch verläuft.

Behauptung 101:
Beide Aussagen sind falsch. Die Verknüpfung ist unmöglich. Tics unterliegen nie der willentlichen Kontrolle. Geduld ist oft die beste Therapie.

Behauptung 102:
Beide Aussagen stimmen. Die Verknüpfung ist korrekt. Die motorischen Tics treten bei der Entwicklung eines Tourette-Syndroms meist früher auf als die vokalen.

Behauptung 103:
Aussage 1 ist falsch. Aussage 2 ist richtig. Die Verknüpfung ist falsch. Anhaltende Zustände deuten immer auf tiefer

gehende Ursachen und Belastungen, sodass eine Therapie veranlasst werden sollte, trotz hoher Spontanheilungsrate.

Behauptung 104:
Beide Aussagen stimmen. Die Verknüpfung ist korrekt. Ausscheidungsstörungen sind nicht immer als psychische Störungen zu betrachten. Mangelnde Lernerfahrung kommt ebenfalls in Betracht.

Behauptung 105:
Aussage 1 ist falsch. Aussage 2 ist richtig. Die Verknüpfung ist falsch. Niemand wird durch die Frage nach einer Suizidabsicht erst auf diese Idee gebracht. Das hätte dann auch nichts mit Nachahmung zu tun. Auch wenn viele sich davor fürchten, kein Klient braucht einen Therapeuten, um auf die Idee der Selbsttötung zu kommen.

Behauptung 106:
Beide Aussagen sind falsch. Die Verknüpfung ist unmöglich. Die Suizidrate liegt (und lag schon immer) im Osten höher als im Westen, wobei sich seit der Wiedervereinigung Deutschlands die Zahlen immer weiter aneinander angleichen.

Behauptung 107:
Aussage 1 ist richtig. Aussage 2 ist falsch. Die Verknüpfung ist falsch. Mit der Entlassung aus der Klinik bricht ein Betreuungssystem weg und die Patienten sind wieder mit ihrem Alltag konfrontiert. Das steigert tendenziell die Suizidalität, unabhängig vom Grund des Klinikaufenthaltes.

Behauptung 108:
Aussage 1 ist falsch. Aussage 2 ist richtig. Die Verknüpfung ist falsch. Betroffene suchen durchaus Schutz und handeln damit konsequent, wenn man ihre eigene Wahrnehmung und Ausdeutung berücksichtigt. Dennoch ist die Suizidalität deutlich erhöht. Selbsttötung bleibt den Betroffenen oft als letzter Ausweg.

Behauptung 109:
Beide Aussagen sind falsch. Die Verknüpfung ist unmöglich. Zwangseinweisung geht nur bei gleichzeitigem Vorliegen einer psychischen Störung und deutlicher Selbst- oder Fremdgefährdung.

Behauptung 110:
Aussage 1 ist richtig. Aussage 2 ist falsch. Die Verknüpfung ist falsch. Jugendsuizide sind vergleichsweise selten. Nur ist es so, dass nicht allzu viele Todesursachen bei Jugendlichen infrage kommen. Schwere Erkrankungen sind selten. Es bleiben Unfälle auf Platz 1, Suizid auf Platz 2 und Mord.

Behauptung 111:
Aussage 1 ist falsch. Aussage 2 ist richtig. Die Verknüpfung ist falsch. Die SAD kommt als Depression in den Herbst- und Wintermonaten vor. Dennoch gibt es die meisten Selbsttötungen in den Monaten Mai und Juni.

Behauptung 112:
Beide Aussagen stimmen. Die Verknüpfung ist korrekt. Meistens ist es so, dass Betroffene (wenn auch nicht unbedingt als bewusste Überlegung), die Einstellung haben, im Falle eines misslungenen Suizides das Lebens doch noch anzunehmen, falls ihnen jemand Hilfe anbietet.

Behauptung 113:
Aussage 1 ist falsch. Aussage 2 ist richtig. Die Verknüpfung ist falsch. Benzodiazepine (Valium, Bromazepam) machen sehr schnell abhängig. Ihre Wirkung ist beachtlich, daher die Hemmschwelle zum Einnehmen gering.

Behauptung 114:
Beide Aussagen sind falsch. Die Verknüpfung ist unmöglich. Die EKT wird nach wie vor angewandt und zieht keine deutlichen Nebenwirkungen nach sich.

Behauptung 115:
Beide Aussagen sind falsch. Die Verknüpfung ist unmöglich. Bewegungsunruhe kann auch ein Anzeichen einer beginnenden psychotischen Phase sein.

Behauptung 116:
Beide Aussagen stimmen. Die Verknüpfung ist korrekt. Das ist der große Vorteil der Antidepressiva.

Behauptung 117:
Beide Aussagen sind falsch. Die Verknüpfung ist unmöglich. Die rTMS wird bei endogenen Depressionen eingesetzt. Das Vorliegen von Hirnveränderungen ist bei endogenen Depressionen nicht extrem. Die Wirkung der Magnetimpulse hat damit aber nichts zu tun.

Behauptung 118:
Beide Aussagen sind richtig. Die Verknüpfung ist korrekt. Akathisie ist eine typische Sitz- und Bewegungsunruhe, die sowohl als Medikamentennebenwirkung auftritt als auch als Vorbote einer psychotischen Episode.

Behauptung 119:
Beide Aussagen stimmen. Die Verknüpfung ist korrekt. Bei Schwangerschaft ist Lithium jedoch kontraindiziert.

Behauptung 120:
Beide Aussagen sind falsch. Die Verknüpfung ist unmöglich. Antidepressiva wirken stimmungsaufhellend, Neuroleptika wirken gegen produktive Symptome. Sie können durchaus gleichzeitig verordnet werden.

Behauptung 121:
Aussage 1 ist falsch. Aussage 2 ist richtig. Die Verknüpfung ist falsch. Psychoanalyse wird heute auch im Sitzen durchgeführt. Der Blickkontakt verzögert zwar das freie Assoziieren, beschleunigt jedoch die Therapie insgesamt.

Behauptung 122:
Beide Aussagen stimmen. Die Verknüpfung ist korrekt. Das Zurückschreiten im Lebenslauf ist ein Ziel der Psychoanalyse, daher auch die autoritäre Therapeutenhaltung.

Behauptung 123:
Beide Aussagen stimmen. Die Verknüpfung ist korrekt. Wer sich für gesund hält, sucht keine Therapie auf und passt auf keinen Fall in ein Konzept wie die GPT.

Behauptung 124:
Beide Aussagen stimmen. Die Verknüpfung ist korrekt. Schwere Depressionen, Schizophrenie und wahnhafte Störungen eignen sich nicht für Tiefenentspannung.

Behauptung 125:
Aussage 1 ist falsch. Aussage 2 ist richtig. Die Verknüpfung ist falsch. Psychotherapie hilft bei der Stabilisierung in der

Zeit der Rezidivprophylaxe. Die Steigerung des Wohlbefindens führt allerdings auch häufig zum Abbruch der medikamentösen Rückfallvorbeugung.

Behauptung 126:
Aussage 1 ist falsch. Aussage 2 ist richtig. Die Verknüpfung ist falsch. Ärztliche Behandlung schließt Psychotherapie nicht aus. Ein Heilpraktiker für Psychotherapie darf grundsätzlich alle psychischen Störungen behandeln. Störungen der Gruppen F0 – F 3 müssen aber hauptverantwortlich von einem Arzt behandelt werden.

Behauptung 127:
Beide Aussagen stimmen. Die Verknüpfung ist korrekt. Nur der Klient gibt die inhaltliche Richtung in der klientenzentrierten Therapie vor.

Behauptung 128:
Beide Aussagen sind richtig. Die Verknüpfung ist korrekt. Der Therapeut wird dabei sinnbildlich zu Mutter oder Vater des Klienten. Indem dieser die frühere Person ablehnt, lehnt er auch den Therapeuten ab.

Behauptung 129:
Aussage 1 ist falsch. Aussage 2 ist richtig. Die Verknüpfung ist falsch. Volltrunkenheit ist keine anhaltende Bewusstseinsstörung. Geschäftsunfähigkeit kommt nicht infrage, sondern Nichtigkeit einer Willenserklärung.

Behauptung 130:
Aussage 1 ist falsch. Aussage 2 ist richtig. Die Verknüpfung ist falsch. Betreute behalten ihre bürgerlichen Rechte. Die Betreuung bezieht sich nur auf die Bereiche, die die be-

troffene Person nicht alleine erledigen kann. Entscheidungen trifft sie jedoch grundsätzlich selbst.

Behauptung 131:
Beide Aussagen sind falsch. Die Verknüpfung ist unmöglich. Zur Behandlung psychischer Störungen ist immer eine Heilkundeerlaubnis oder Approbation erforderlich.

Behauptung 132:
Beide Aussagen sind richtig. Die Verknüpfung ist korrekt. Allerdings ruinieren Maniker sich und ihre Familien meistens wirtschaftlich, da nicht alle Verträge juristisch im Nachhinein anfechtbar sind.

Behauptung 133:
Aussage 1 ist falsch. Aussage 2 ist richtig. Die Verknüpfung ist falsch. Dämmerzustände sind vorübergehend und können damit nicht zur Geschäftsunfähigkeit führen. Verträge sind deshalb nicht automatisch gültig. Nichtigkeit der Willenserklärung kommt infrage.

Behauptung 134:
Beide Aussagen sind falsch. Die Verknüpfung ist unmöglich. Akute Suizidalität kann auch als Bilanzsuizid vorliegen. Zwangseinweisung geht dann nicht so einfach. Außerdem dauert eine Unterbringung nicht unbedingt mehrere Wochen. Sie endet bei Wegfallen der Voraussetzungen.

Behauptung 135:
Aussage 1 ist richtig. Aussage 2 ist falsch. Die Verknüpfung ist falsch. Die Selbstgefährdung ist der häufigste Grund der Zwangseinweisungen bei Schizophrenie. Schizophrene sind insgesamt nicht häufiger gewalttätig als andere Menschen.

Behauptung 136:
Beide Aussagen sind falsch. Die Verknüpfung ist unmöglich.
Einwilligungsvorbehalt wird nur angeordnet, wenn die Entscheidungsfähigkeit sehr stark eingeschränkt ist. Grundsätzlich darf auch eine betreute Person ihr Geld ausgeben, wie sie will.

Behauptung 137:
Beide Aussagen sind falsch. Die Verknüpfung ist unmöglich.
Die Entscheidungsfähigkeit ist bei weitem nicht bei allen psychischen Störungen eingeschränkt. Verminderte Schuldfähigkeit kommt nur bei schweren Psychosen, tief greifenden Bewusstseinsstörungen, schwerer Intelligenzminderung oder Persönlichkeitsstörungen infrage.

Behauptung 138:
Beide Aussagen sind falsch. Die Verknüpfung ist unmöglich.
Es bedarf schon eines psychiatrischen Gutachtens zur Feststellung einer verminderten oder aufgehobenen Schuldfähigkeit.

Behauptung 139:
Beide Aussagen sind falsch. Die Verknüpfung ist unmöglich.
Mit Akupunktur können sicherlich viele Beschwerden behandelt werden. Heilpraktiker für Psychotherapie dürfen die Nadeln jedoch nicht benutzen.

Behauptung 140:
Beide Aussagen sind falsch. Die Verknüpfung ist unmöglich.
Leider gibt es in der EU trotz vieler Regelungen kein gemeinsames Berufsrecht. Die einzelnen Länder handeln da unterschiedlich.